Freddy Joel Nanga

Fine fleur et parure du chien

Freddy Joel Nanga

Fine fleur et parure du chien

Éditions Muse

Imprint

Cover image: www.ingimage.com

Publisher:
Éditions Muse
is a trademark of
Dodo Books Indian Ocean Ltd., member of the OmniScriptum S.R.L Publishing group
str. A.Russo 15, of. 61, Chisinau-2068, Republic of Moldova Europe
Printed at: see last page
ISBN: 978-620-2-29979-4

Fine fleur

et

parure du chien

(Le meilleur ami de l'homme)

« Quand on se rencontre tout nouvellement sans avoir fait réflexion que l'on se cherchait, on se parlera sans avoir imaginé ce que l'on se dirait. « (Voltaire)

A propos

La fine fleur et la parure du chien, est la volonté spécifiée de mettre par écrit, les leçons que le temps nous enseigne auprès de ses animaux domestiques, qui ont su trouver leurs places dans les foyers, et qui accompagnent et protègent des êtres humains aux quotidiens. C'est encore mieux de se savoir existant, si on de se contenter de ces êtres vivants, et plaisant de compagnie, qui doivent souvent ce contenter de leurs patronymes outrageux pour bien des égards. En m'intéressant à eux, j'ai bien voulu savoir aussi pourquoi ils étaient auprès de nous. Dans le cas particulier du chien, et des sens intrinsèques, et extrêmement importants dont ils sont dotés, le propos s'intéresse à la fidélité du chien, dont l'attitude en ce sens est l'idéale dans la pérennité des relations amoureuses, des couples humains. Il n'y a pas dans l'œuvre d'autres psychés, que ceux qui ont été mis à leurs sujets. Des propos éloignés des idées racontées, et toutes coïncidences accidentelles, et stigmatisant avec des personnes, et des animaux existants, ou ayant existés ne serait que coïncidence.

4

Maître

Je viens d'aimer les livres, je veux des histoires drôles, et des aventures heureuses. L'histoire d'un chien c'est drôle, mais il s'agit d'un mystère, d'une lutte contre la confusion et le même ordinaire. Je veux être le cerveau de cette créature, plutôt que d'en être la représentation. L'apparence est sans honnêteté, parce qu'elle tient son importance des regards. Être animal par conscience, l'idée est de me reconstituer. Il me faut savoir des choses, sur l'être humain que je suis. Là j'écris les premiers mots dans la gêne, avec le nez embarrassé mais très libéré. Ouais c'est une indisposition du nez, ce n'est pas encore fini, mais la vie a aussi son peu de calamité. Je publie et j'attends, car bientôt je ne serai plus le même qu'avant-hier, espérant beaucoup sur l'immunité littéraire, dans des débuts de lignes d'une belle histoire, parce que pour une telle histoire, une première ligne d'écriture en dit tout assez.

Un homme riche qui aime une seule femme, doit obligatoirement faire injustice aux rêves d'autres femmes, c'est aussi les Hommes eux-mêmes qui l'ont voulu, alors je vivais seul. Je devais plutôt m'occuper d'une femme sur le moment de l'écriture, mais puisque les mentalités seront prêts à discerner, et à pénétrer ma logique dans les sincérités de mes mots, alors pour ne pas faire éclater une impolitesse, autant dire que je crois que si nous marchons tous ensemble où je veux aller, nous pourrons reconvertir les méthodes, en laissant tout dans les normalités. Pour raconter l'histoire qui nous regarde, nous verrons nos premiers mots affectés de nostalgies. Les choses sont tels que je ne peux les expliquer aux autres, cela ne peut pas être vite dit, ni même être vite entendu. Oui, oui on ne devine pas ce genre de chose, comme toutes ces choses de l'inconnu infini, alors on se retrouve désobliger par des mots donc le seul reproche, était de n'avoir pas été ce qu'ils devraient représenter. Lorsque vous vous y essaierez en explication, votre allusion sera changée, d'où l'importance des images et des parures. C'est surnaturelle, c'est comme expliqué un rêve. J'ai souvent cherché Kiwi, lorsqu'il était sans corde au coup, cette corde rattaché à son collier d'or qui constitue le trait d'union dans notre amitié. Il avait ce qu'il fallait, pour atterrir sur la difficulté, et c'est ce qu'il a fait quand même.

Je remédie parfois mes problèmes longtemps à l'avance, même sans une raison, mais on ne juge pas par anticipation, même si en vérité, cela nous procure un intense soulagement. Les oiseaux bleuis qui venaient de ces endroits retirés, m'ont dit que l'idéal le plus élevé, se trouve aussi dans tous les quatre points cardinaux des villes. Je veux me complaire avec Kiwi dans des compatibilités d'humeurs qui seront notre, puisque quand on est écrit une histoire d'amour, on doit créer la personnalité qui va avec, sachant que lecteur identifie parfois l'auteur à la créature. Si je commets une erreur, je suis promis à la galère de la solitude mais bon ! Au bout du compte, quelque part dans leurs futurs, on a besoin d'éduquer sa femme, ou son mari à nous aimer pour être bien vu d'eux.

Je dois toujours être en bonne santé, si je dois faire vivre Kiwi dans ma guise, avec juste de quoi dire, et de quoi faire pour mon bonheur, avec la même grâce qu'un vrai parent qui sait bien ce qu'il sait, et l'enseigne à son enfant, sans trop d'euphémisme. Être là tout à mon chien, côte à côte. Il me faisait dire la somptuosité, et les belles choses qui se racontent, c'est ce que veut l'amour d'après les règles. D'abord parce que la vie est une grande arène, je me permettrai tout de suite de dire que, il est au bout du compte, la récompense à un grand mérite, et ensuite, parce que la nature se veut juste envers tout le monde.

Si l'on saute quatre années, on se retrouvera à l'instant où du sud ou du nord, je lançais des phares, de mon automobile sur l'autoroute. Il arriva dans ma vie sans que je l'eusse vu entrer, et pourtant je ne suis pas sûr que le contraire aurait eu lieu, si j'avais été seul le premier. Lui que tantôt à force de craindre on ne s'en occupa pas, c'était lui décidemment le plus heureux ! Maintenant c'est moi qui l'aime, dans les secrets du cœur, au point de me glisser entre les gens, vers le lieu où je me suis laissé désespérer, de ne plus jamais le retrouver. Je suis en train de me faire une belle idole, en prévision de défauts de solidarité entre bons vieux frères humains. Je suis donc tenu de dire mon courroux, face à ce qui ressemble quand même, à un hyper individualisme de ma part, étant donné que je ne peux pas partager du pâté avec Kiwi mon propre chien. La pleine lune dans le ciel noir la nuit, et les oiseaux dans le ciel bleu en journée, trahissaient mainte fois mon immobilité, par leurs mêmes présences dans tous les cieux, pourtant j'ai été, et je suis en marche depuis trop de temps. J'espère que l'une de ces trois étoiles éloignées dans le ciel, que j'ai longtemps prises en point de référence géographique, ne combinera pas contre mes desseins.

Les enfants sont une richesse entre autre, et lorsqu'ils ne peuvent pas encore être là, moi je voudrai mon chien, si je ne l'avais pas, je n'aurai pas eu de sécurité ou cette couverture sociale qui couvrirait mon existence et ma postérité. A cause de son histoire, pour les besoins de demain, je veux me souvenir de cette vie éphémère, mais mon image pourrait beaucoup changer, certains en auront peur, d'autres en seront étonnés mais c'est l'idée. Il y a peut-être ici, une donnée du problème qui est pourtant là et visible. J'ai été vu comme un chien. Moi qui ne m'était jamais envisagé dans la littérature, j'aurai pu ne pas être là, disons seulement que c'était des efforts démontrés, pour faire écouter mon chien.

Faire regarder un livre, écrire pour habiter le mot de son faite à sa base, dans le but de parvenir au dernier point, par un pas très important. Écrire pour regarder le berger, le chevrier, le porcher le bouvier, le pasteur, et enfin le vacher, lire sur le foin au coucher du soleil avec autour de lui ses ouailles, c'est très captivant de savoir qu'on peut faire cela. Je peux vivre de mon chien.

Écrire encore, parce que l'on m'a appris le mot. Écrire dans une lettre tout en disant toujours long sur les sujets quotidiens des récents temps, comme un vrai éditorialiste : pour être fier, pour rendre fier, faire preuve d'esprit pour être le poète le plus coté dans l'art pour l'art, et rester l'auteur de mon livre, avec tout effort de ne pas me laisser confondre, et abuser, par l'ivresse de ma passion pour Kiwi, puis faire attirer des regards vers d'autres comme moi, afin de ne pas occuper toutes les places. Ça avait été des temps de réinvention, des temps à marcher devant le regard des autres, qui m'ont permis beaucoup d'autres temps dans ce que j'aime, et pour l'amour que j'ai pour Kiwi. J'ai même écrits dans les deux sens, avec des émotions partagées : une moitié pour le meilleur, et une autre moitié pour moi. Avec la même facilité qui a précédé, cette volonté.

Tout le monde peut copier tout le monde, pour le bon exemple, pourtant je sens la gêne visible. Aujourd'hui, j'ai la ferme assurance qu'on ne pensait pas le dire tout à fait. L'on est fondé à dire que on avait parlé sans art à ce qu'il parait. Je parle des jugements que j'ai vus sous la lunette des autres, avec toutes les beautés possibles d'une main d'écriture, ou même d'une voix. J'évoquerai des mots que j'ai appris de la langue des autres.

Kiwi avait dû se tromper de porte, personne ne connait l'inconnu en réalité, fidèle comment peut-on l'être comme lui ! Entre intimidations, et persécutions, nous pouvons nous sentir à un moment donné, guider par des personnes, qui nous font parler à leurs profits. L'on ne peut vivre sans changer de place la plupart du temps. Avec un lien autour du coup de façon à être reconnu, je lui donnais la permission d'être libre et de prouver qu'il reste mon ami, et mon compagnon fidèle. Quelques forces m'ont poussé, et j'ai pensé à dire dans une civilisation ou l'on ne juge que par le résultat, qu'il ne faille pas mal débuter non plus. Le lazzi n'est pas de le dire, si on veut vraiment éviter de faire mal. Je lui ai donné trop d'élévation en ce sens que, son importance n'est plus mince pour moi. J'espère avoir fait ce bien, mais est-ce que celui, ou celle que l'on oublie, mourra forcement? Je ne crois pas que j'en mourrai. La nature trahit toujours son innocence à qui la protège, au moment où le pressentiment d'une difficulté se fait sentir.

Comment me faire l'avocat de mon chien? On prétend que c'est une question qui se pose. L'environnement démontre que parfois ça vaut le coup quand on a sous les yeux des vilains ! Pourtant je l'ai craint, on était à peu près sûre, mais c'était arrivé, rien n'arrive sans avertir. Kiwi a blessé un être humain. Mais il y a pire que la morsure handicapante, ou les hantises faites aux vilains : il y a la mauvaise nouvelle de la disparition soudaine, qui me rappelle un bonheur, qui ne m'est pas obligatoire avec ce compagnon.

Quand je rattrape le temps, je peux me souvenir du bon chemin de notre rencontre. Je me suis dit que si ce chien n'est faite d'aucun maître, ne portant pas de bracelet, je devrais me l'approprié. Il fallut juste que très tôt le matin d'après, je sois tenu de constater les responsabilités que me réserveront mes devoirs de maître. Situation un tout petit peu aggravée, lorsqu'il faudra se désaltérer dedans des lieux de rassemblement qui lui sont interdits. Mais l'humiliation me suivra partout, qu'est-ce que je peux faire tout de suite pour m'en débarrasser ? Ou encore qui attendre au seuil de ma porte, pour me remercier quand même, de n'avoir pas tiré un coup de fusil sur un chien en galère ? Le sourire est faible quand on racle les souvenirs. Même si je pense que l'on devrait vraiment commencé par-là. Je reste convaincu qu'il ne s'est pas enfui, à cause de cette espèce de flaire de l'invisible qui place dans leur regard particulier, comme une étoile conductrice qui leur évite de se perdre sur leurs voies. Pour courir ses trajectoires, et aller chercher et retrouver la chienne en chaleur qu'il eut aperçu un jour. Personne ne peut lui-même se briser le cœur. Même si après plusieurs jours de cela, l'épreuve difficile de l'impatience m'a conduit à publier un avis de recherche, à propos de Kiwi, pour ceux qui se serait souvenu du passage d'un chien quelque part, à la nuit tombé ou bien avant.

Mais un écrivain doit tout savoir, et dans le destin d'un écrivain, la femme est souvent esprit, et le mari immortelle, c'est ce que tout le monde dit : derrière un grand homme elles se cachent toutes. Moi je ferai des reformes je les citerai tacitement dans mes œuvres. De toutes les façons je n'ai pas le choix, quand on rencontre un écrivain, on croit toujours qu'il écrira plus précisément à notre sujet. Contre tout triomphalisme, j'ai bien évidemment pensé à l'existence prochaine d'une épouse, et à ce qu'elle en pensera. Cette épouse, si je l'avais vu auparavant, je n'aurai pas achevé ce livre. Je serai occupé à deviner ses désirs et ses vœux, couché auprès d'elle. Par l'intelligence, j'ai travaillé sur la question, et d'ailleurs voilà pourquoi pour signifier encore un peu plus d'amour, j'arrive à poser les questions à charge ci-après : resterai-je égale à moi-même après la fugue de mon chien? Mais là pour le dire honnêtement, rien ne me défend d'écrire cette expérience, malgré cet entre-chien et loup. Un jour dehors, le talon de la bottine tapera musicalement le pavé, mètre après mètre, avançant un pied après l'autre, pour me faire tout oublier me disais-je. J'avais déjà pensé à l'instant où, elle me demandera de m'en aller. Je m'en irais peut-être, ou alors c'est elle qui me laisserait devenir seule. Je ne veux pas avoir à me délivrer de ma mémoire, alors je me place là, à la voir arriver, attendant comme un berger, aller promener les brebis, qui patiente le soir avant de rentrer. J'ai souvent mis en doute le rôle du hasard, mais les étoiles ont gardé tous nos vœux. Ah ! Cruelle nécessité, en attendant j'accuse le temps, demain je vais me changer partagée entre matin et soir, vivant dans la théorique, sans fâcher, sans me déranger. Dans le passé où je l'ai dit, si cela s'avèrerait vrai, je ressentirai peut-être du regret suivant le contexte, et je m'expliquerai si là bien sûr, j'ai laissé quelques images ! On a la satisfaction lorsque le renseignement cherché est ce qui semble.

Ce qui est arrivé tente d'expliquer que je veux toujours, je viens toujours, te laisser conduire ma vie, toi mon maître. Voilà ce que moi je crois. C'est étonnant parce que sans interaction comment comprendre ? Si le regard de mon chien avait toujours montré cet air inquiet, je lui tendais la main, et la poussée émotionnelle le faisait se rapprocher de mon entre-jambe, où il se cambre, et frotte son poil dans le plaisir d'un gros câlin, et tous le plaisir est pour moi. L'amour est pour moi le moteur de toutes les passions, c'est le ton, ou mieux c'est la langue de tout le monde. Je pouvais l'écouter me parler, seulement des images présentées par l'environnement, pouvaient avoir des effets sur nous. Mon chien avait-il ainsi rencontré mieux ailleurs ? Dans un moyen d'être affectueux, je m'étais fait un certain nombre de précautions, pour ne pas le déranger dans son temps de calme.

J'avais précipité un papier qui représenterait une déclaration de naissance, et un passeport international. Il se devait d'avoir comme moi-même, l'image d'arrière-plan qui ferait de nous des gens d'identités la plupart du temps. Kiwi est un berger-allemand, d'environs quinze kilos, bien vacciné, tatoué et assidûment examiner, laver au shampoing, aux lotions et aérosols, de la peau et des poils. Les tailles de ses dents faisaient de lui un adulte dans sa race. Il m'eut donc après cela entrainé avec vantardise, dans ses démarches. Je trouve Kiwi trop sociable pour imiter la vie d'un être humain, quelque part dans une meute de chien dangereux, buvant en tirant la langue, mangeant la mauvaise nourriture. Malgré la grave méprise qui consistera peut-être à un retrait du droit de propriété, ici ne sera pas comme là-bas, à cause de plus tendre retour d'affection. Et aujourd'hui où serait-il au lieu d'être avec moi ?

Mais tant pis, je dois attendre son retour, du moins par un coup de fil qui m'annoncera une retrouvaille, sa belle place est près de moi, d'autrefois c'est seul que parmi tant d'autres comme moi, et parmi les 330 races de chiens comme lui, que je vagabondais dans la rue, captivant les regards libres des gosses joyeux, et plein d'entrain. Par-là j'étais tenu de croire que je suis une présence surnaturelle seul au milieu de la foule.

Mais sur cette idée centrée sur le vivant de mon chien, quand je regarde à chaque fois, le temps que met une femme pour accoucher son enfant, je sais qu'il ne faut pas qu'avant d'être parent, je dise plus que ce que je peux imaginer. J'utilise simplement le contexte, pour deviner l'attachement qui m'horripilera à l'idée de voir quelqu'un que je ne connais pas venir en si peu de temps, s'offrir simplement, le consentement d'un chien facile et libre. Il n'a pas vraiment grandi en cage, et nul doute que personne ne ferait le bon maître tout à coup, beaucoup plus que moi. Mon chien ne se laissera pas aller subitement par des étrangers. Je mets tout ce que je comprends par écrit, pour que l'on voie la tête que j'avais avant, et la face que j'aurai après. Je trouve juste le moyen de pouvoir écrire quelques choses bien vite, pour oser prévoir. Évitant d'évoquer ce que je n'aime pas. Ce qui peut montrer ce refus, ou ma jalousie, est encore amoureux, et devra l'être encore un peu parce que je le veux ainsi. Kiwi par cette fugue veut reprendre une vie en dessous de l'ombre du blanc des nues, dans l'absence de toit, qui peut le croire franchement ? De bon gré ou pas, j'attends des confirmations plus tard, dès que je les aurai compris, ce chef-d'œuvre que j'ai pris le soin de faire exister, flânera au gré de sa volonté.

13

Au club

Je désir réellement dominer ce souci, en jouant du piano, l'art libéral de la musique, omniprésente. La mélodie d'un violon, d'un piano, d'une guitare lorsqu'elle est sans maçonnerie formel et explicable, lorsqu'elle ne nous transporte pas joyeusement dans des bons imaginaires, elle peut amplifier l'angoisse. Flora quitte la scène un moment, je suis comme tout seul tout à coup, comme si la terre était abandonnée. L'obligation morale est d'être nostalgique, chagriné. Mais les faits récoltés montre que la dépression, où l'anxiété ne peut pas être l'entendu la lecture était ailleurs.

Un animal sauvage, qui décide de prendre la broussaille pour aller mourir en secret, avec autour du coup un grand collier d'or, où retentit un son de cloche, peut probablement ressembler à un oiseau, mais on ne remplace pas facilement mon Kiwi, avec qui le passé est toujours aussi insuffisant. Il s'agissait d'égrainer les chapelets de ses dernières heures, désolés dans la vanité des mille jours passés, où je suis emmené à penser que je ne dois rien regretter.

Alors au lieu de faire mes vœux, et attendre, cela m'avait donné l'idée de retourner dans ce club, où dans la matinée, je pouvais rencontrer les meilleures plumes du temps, jouant autant que faire se peut, un rôle d'écoute comme tous les autres. Je m'essayais à parcourir l'actualité en un tournemain, pour ne pas être en retard de propos, tout en montrant l'impression de lire dans des livres fermés, pour impressionner un tout petit peu. Je peux utiliser mes possibilités intellectuelles, et les capacités déduites, prêtées dans mon droit de demander, et d'avoir de bon cœur, avec une sage rapidité, sans l'incommodité, les réponses à ma question dans un dialogue entre amis.

– La sagesse étonne bien, c'est bien connu qu'il suffit de se cacher dans son silence, pour éviter d'être condamner d'un savoir coupable, et exiger très souvent les soins d'un avocat pour éviter la différence d'arguments, et de nouvelles inspirations après des questions répétés d'une façon comme d'une autre.

– Mais pour les enquêteurs anticipés, la conviction se doit être sécrète, essayant tant bien que mal à imiter la pensée de l'assassin, malgré les victimes des circonstances, sur la base des témoignages enregistré par tout un chacun. Si l'on part des principes de présomption.

– Mais là il s'agit de la disparition d'un chien domestique.

– Messieurs, s'il n y'avait que l'homme où serait l'humain ? Après m'être passé cela en revue, je me suis partagé dans mes avis, il ne s'est pas trouvé hélas dans mon imaginaire, une autre image que celui d'un enlèvement, tout réjouis cette volonté.

– Je regrette énormément ce qui s'est passé Donon.

– Voyez-vous messieurs Donon, déclara John un grand réalisateur, je suis sur un scénario qui ressemble étrangement à celui-là. L'histoire se passe dans un bateau qui mouille sur le Pacific. Une femme se retrouve le coup tranché. Dans les étranges photographies, le sang éparpillé qui a belle et bien fusé sur les draps, montre bien que la victime a voulu se défendre. L'action pouvait donc être une réaction à une colère spontanée. Pour les enquêteurs, il n'est pas question de faire prévaloir un genre, encore moins d'une mise en rapport faible-fort. Ils commenceront par prétendre bien, en disant qu'en réalité qu'ils ont à faire à un homme ou une femme, quelqu'un de bien plus fort que la victime. C'est peut-être une assurance rebelle, mais il faudrait le croire aussi longtemps que l'on ne trouvera pas l'occasion de taire, toutes les ignorances sur un quelconque savoir coupable, suite au questionnaire qu'il se devrait de dresser après leurs passages sur les lieux.

– Si les personnages se trouve confiner dans un bateau qui effectuera les enquêtes ? Demanda un monsieur du club.

– Merci pour ta question renchérit John le réalisateur. Il n'existe peut-être pas en ce sens dans la jurisprudence, un verdict statué dans le cas d'espèce, mais lorsqu'il s'agit de la sécurité des passagers d'un bateau, il était question que le capitaine de vaisseau, soit celui qui mène les enquêtes. Si nous voulons qu'il y ait, beaucoup d'envie à pouvoir faire les choses, il va falloir obtempérer et chacun devait rester où il était. Certains en ont eu peur, et en sont restés taiseux, d'autres en sont étonnés, mais c'est l'idée. Il y a peut-être dans le bateau, une donnée du problème qui est pourtant là et visible, caché derrière un masque. Parce que les interprétations ne cèdent pas toujours aux circonstances.

– Il faudra interroger à tour de rôle et éviter l'insurrection ! Proposa un autre monsieur binoclard.

– Oui effectivement, renchérit John. Le capitaine en fera son affaire avec beaucoup de tacts, et de passions au-devant de l'impossible, menant ce talent à sa gloire. Lorsqu'il s'agit d'une personne célèbre, la disparition lorsqu'elle est encore récente, réveille beaucoup d'éloges dans l'esprit sensible, et par une poussée de parole chaude on est plutôt plein d'affects positifs, et les mieux oubliés ne sont points rappelés, et pourtant, il faut en toucher mot tout de suite. Le capitaine aura beaucoup à préférer après les interrogatoires oraux, des témoignages écrit laissant toutefois au témoin la liberté de conscience. Le produit des imaginations peuvent s'avérer essentielle, pour ceux qui seront sous l'enquête. Malgré le fait que tous les signifiants-clés se trouvent dans l'effet de surprise. Lorsque des victimes comme celle des personnes célèbres, nous laissent leurs corps, celui de leurs jours de gloires, inanimés sur un tapis, lorsque cela ressemble à un assassinat, il faut réagir vite ! Et comme si il avait hérité de l'attention de cette célébrité, invité dans le bateau, le capitaine prendra le micro face à l'assistance publique : « Personne ne sortira du navire avant que nous ayons trouvé l'auteur du crime. »

– C'est peut-être un éclat d'abus.

– Oui messieurs, mais c'est aussi avec tout l'ensemble, une nécessité et la belle garantie, qui conduira à l'assassin. Il se trouvera dans le regret de devoir annoncer la mort de la célébrité! Nous avons pris son poule, il n'y a plus rien à faire d'autre pour elle, sauf découvrir qui a fait ça. « Nous ignorons qui ils ou elles peuvent être, mais qui qu'il soit qu'il se déclare. » Déclare le capitaine.

– Cette histoire j'espère vraiment que vous l'avez écrite comme vous la raconter. Monsieur John !

– Dans les lieux les analyses sont nuageuses. Elle vient de mourir et personne n'en sait rien. Le capitaine est donc tenu de dire son courroux face à ce qui ressemble quand même à un défaut de solidarité. Reprit le réalisateur.

– Je trouve cette histoire surprenante, tellement elle me parle. Déclarai-je.

– Et à la fin, pour lui attirer l'adhésion des juges, l'accusé dira simplement que c'est un coup monté, et un complot contre lui, et tous qui s'est déroulé, serait une histoire qu'il aurait écrit bien avant l'assassinat, déclara John. Je veux juste dire chers messieurs, que c'est très captivant de savoir ce qu'on peut faire, lorsque l'on se trouve au milieu du danger ou de la pression. Avant que je ne fasse ce vœu, j'avais vu faire le métier de détective avec toutes les passions possibles, dans la lunette des écrivains policiers, et c'est devenu un aléa du métier.

– Comment elle meurt si ce n'est trop demandé ? Demandais-je à John.

– Le témoignage est donné par son proche compagnon. Elle est retrouvée dans sa loge avec un homme plus jeune qu'elle en train de s'embrasser. Il n'a pas pu supporter ce qu'elle lui a fait subir, et lorsqu'elle lui a présenté son artère, il l'a tranché par deux fois, étant entendu qu'elle essayait de s'en débattre. L'amertume qu'il y avait à regarder ce visage toujours aussi facile à peindre dans les images, lui promettait la remarque d'une erreur possible, mais il était trop tard. Il n'a pas attendu sa dernière respiration pour décamper les lieux.

Ah oui parce qu'elle sera une chanteuse d'opéra. Proposais-je.

– Très exactement je noterai ça ! On a déjà affaire à une première avant même l'écriture du livre. Reprit John.

– Dans mon cas, repris-je la parole, il s'agit peut-être d'un cambriolage. Moi qui ne m'étais jamais envisagé dans le métier d'inspecteur ou d'enquêteur, je me trouve à consulté les détectives.

– Je te propose d'en faire un film. Proposa le réalisateur.

– Dans cet instant qui m'est donné de résoudre ce problème de façon sincère, la situation m'est trop sérieuse et trop récente pour qu'elle soit vue à la télévision.

– Un chien aide à faire la part belle des choses entre la science et la société, entre l'homme et l'animal. Entendis-je.

– Traîné par son estomac ce chien reviendra. Reprit un anonyme.

– Son ravisseur prendra le collier d'or et chassera le chien capturé, la queue entre les pattes. Déclara un quidam.

– On a là comme d'habitude le voleur qui est un bon berger pour le chien, le chien est un bon berger pour l'homme, et à la fin l'homme qui restera un bon berger pour lui-même. Un loup ne deviendra jamais un berger pour une brebis. Dit John. Il y en a parmi nous tant qui le ressemble, qui ne sont pas plus prévoyant que lui.

– Je vous voir ouvrir ce débat avec un certain entichement. Ne nous est-il pas ridicule de l'imiter ? Si vous pouvez me donner des réponses, il faut aller plus loin. Avançais-je.

– Excusez-moi de n'en avoir jamais eu, votre modestie m'apprend beaucoup mais quel est l'importance d'un animal dans la vie, s'il doit vivre avec la raison du maitre ? Il va être alaise plus souvent que nature, où manger ou le butin se dispute. Seul un chien reste un chien. Renchérit-il.

– S'il faut compter la dette sera lourde, je n'avais pas mesuré le prix, mais que réclamer alors qu'il n'est pas de taille à comparaison avec l'humain comme vous dites. Un chien ne sera jamais un singe en effet. Les images le prouvent chaque jour. Leur disais-je.

– Pensez-vous que je sois raciste monsieur Don ? Demanda John.

– Nous avons nos sens, monsieur.

– Si vous acceptiez un conseil j'irai plus loin mais ne m'y obliger pas, non plus. Reprit John.

– Oh ! Oh ! Le chêne qui s'étonne toujours de la grandeur d'un roseau fragile, en l'avertissant de son excès d'agitation, d'autres l'on dit, là moi je le découvre chers messieurs. Déclarais-je.

– Ça aurait été un chien de la race des bâtards que j'aurai eu le même avis. Reprit mon contradicteur.

– Des bâtards qu'est-ce que c'est ? Demandais-je.

– Il paraît que c'est des chiens nés des dogues, et des chiennes d'un autre pays autre que l'Angleterre. Renchérît un membre du club.

– Si nous vous laissons continuer vous vous massacrerez ! Messieurs je pense qu'un chien reste un chien, pour lui et pour tous les autres. La peinture on peut la toucher du doigt, un chien ne vivra pas jamais comme l'hirondelle, qui prévoit l'obstacle que nous ne voyons pas arriver. Il ne vivra pas chichement comme une hyène, aussi, il ne sera pas réputé embarrassé qu'un âne, excuser pour la psyché, mais ce n'est pas là je trouve, une raison de réinventer le monde. Ce chien dormira toujours dans son poil, scrupuleusement à cause de son flaire qui ne lui laisse pas le choix. Déclara une dame très calme et observatrice depuis son arrivé au club.

– Mais par quel sort ne revient-il donc pas chez-nous dites-moi madame ? Demandais-je.

– L'explication c'est lui qui l'a. Reprit John.

Nous n'en étions qu'à un mot mal dit, qui laissait encore de mauvaise incitation à l'esprit. Nous nous remîmes à parler plus bas. Dehors la pluie décolle les avis de disparition, et m'obligeait à écouter ces êtres humains, alors qu'il n'y avait plus mon chien, alors que moi je suis là, comme le maitre soucieux et stupide qui découvre le monde moderne que j'habite pourtant. Le chemin qu'il a emprunté serait à cette heure, un voyage qui devenait long. Le va-et-vient d'un chien libre, est une spirale incompréhensible. Pourquoi pas un chien, ou une chose pareil si de plus en plus, je dois me donner du flair et de la sécurité, contre ceux qui en veulent à ma vie.

Pour une histoire de chien perdu, qu'est-ce que j'aurai réussi à dire abondamment, étant moi-même auteur de cette histoire de souvenir d'un chien reconverti. Souvent je me dis que, quelqu'un par qui l'on s'inspire n'a pas en fait le droit d'exister.

Un peu plus tard dans la soirée, je suis rentré au cabaret juste en face de ce café à 20 heures passés de la journée. Le soir c'est un cabaret et le jour c'est un café. Rester assis au cabaret, j'ai entendu là en regardant une demoiselle sur la scène. J'y étais pendant très longtemps avec l'impression qu'une meule me tournoyait au-dessus de la tête. Suite à cette longue attente de Kiwi qui devenait irréaliste, je me suis senti fatigué et il le fallait. Je venais d'avoir une idée sur le scénario de John. Pour son histoire l'autre fait à noter était qu'elle devait bel et bien faire l'amour, avant d'être assassiné dans le souci de ne pas mourir pour rien. Ainsi le mobile du crime dans la priorité des priorités serait la jalousie. J'avais pensé cela, lorsque je m'étais rendu compte que, je n'avais pas assez profité de l'affection de Kiwi.

Dans ce cabaret qui se distinguait par son personnel, la nuit, ''la honte'', c'est la gloire, et la qualité des artistes à l'affiche charme. Il y avait toujours comme un moirage dans le regard. Alors ce soir-là heureusement, ou malheureusement j'étais là, à passer un bon temps le soir où l'on a envie de vivre pour ne négliger aucun plaisir. Heureux pendant un moment dans une ambiance littéralement incandescente, je prends la passion et l'exquis, comme un insecte dans du suc de fleur, et tantôt comme une abeille qui galère dans un tourbillon de whisky à demi-rempli dans un verre. Non loin de l'entassement d'un public qui regarde ce soir, où il se joue du piano, ne voyant que trop certain, le plaisir qui sera apporté par ces beautés à découvrir. Dans les coulisses non loin de la scène, on est forcé d'écouter le tout haut cri irrégulier, et presque baroque des chanteurs qui se côtoient.

Il y avait cette femme avec qui je conversais au comptoir de tout et de rien. J'avais besoin du gout de ses lèvres, pour quelques minutes seulement, et de nous réjouir plus alaise dans une loge sans témoin, celle dans laquelle nous aimions rester des heures, et voir des jours durant, juste pour lui faire cette honneur qu'elle méritait. Elle se nommait Clara. Je ne sais pas dire comment mais on s'était retrouvé au bar de chez-moi.

– Clara je me sens comme étant dans le vertige d'une chute libre.

– C'est normale, vu votre façon de danser tout à l'heure, vous êtes saoul monsieur Donon ! Sur la table la bouteille de champagnes était vidée à coté de deux verres renversés.

– J'ai quelque chose à vous apprendre mademoiselle.

– Je vois qu'il le faut, vous me semblez préoccupé.

– J'ai dans ma tête tant d'aboiement. Mon chien n'est plus là !

– Vous allez me dire quoi ? Qu'il a été retrouvé percuté par une voiture près d'un trottoir, ou qu'il est à la suite de ses dieux comme on dit.

– Pour ma part j'objecte l'idée, c'est encore possible que Kiwi soit vivant.

– On ne tue pas toujours pour du haricot, et on ne fait pas subir la leçon, avant de l'avoir fait comprendre. Déclara la demoiselle.

– Je crains que si nous perdons du temps, il sera trop tard. Je vous appelle à m'aider. Vous avez réussi à me dessoûlé !

– Si ça peut vous rassurez moi non plus. Je suis là, et la première discussion qui vous vient en tête, est les aboiements fantôme de votre chien !

– Ecoutez mademoiselle j'aime les femmes, j'aime même toutes les femmes que je vois et… attends là je reviens, je vais vous montrer des photos souvenirs.

Lorsque je suis revenu pour la rejoindre, je l'ai retrouvé à même le divan. On voit tout de suite ses fesses dressés dans une boxeuse rouge, et des cuisses superbes capables de tapoter la joyeuseté dans une magnifique robe verte, les mèches de cheveux luisants étrangement étalés autour d'elle. Il s'y dégageait toujours une odeur florale, même le jour d'après. Elle avait des yeux qui jetaient encore ses dernières lumières qu'elle m'avait fait connaître. Des doigts de savoir-faire vernis en beige, et qui sont sans le rappeler l'instrument indispensable du bon effet, plaisir de caresse. Des seins, deux grandeurs de la même dimension, sur la poitrine rond comme la mappemonde, et que l'on souhaiterait tourner pour voir toutes la terre au prix d'une douce présence dans la main. Celle que l'on a lorsque l'on est une belle femme comme Clara.

Je me suis retrouvé là avec elle sur le moment, je voulais qu'elle reste ce qu'elle était et ce que je voulais toujours désirer. Je lui ai fait l'amour d'une façon assez torride.

– Je suis celle-là vers qui l'on va par dépit ou par besoin on dirait ! Crut-elle.

– Pour mieux penser, il faut être accompagné, mais pour décider il faut être seul. J'ai donc déclenché le processus de l'opération des enquêtes, pour une audition des voisins dans la mesure du possible sur des faits, afin d'arriver à savoir ce sur ce à quoi est du l'ampleur d'une éventuel situation d'enlèvement. Et rien que la moitié de ce qu'ils savaient, m'aurait aidé à comprendre les mobiles de l'assassin ou des enleveurs. Comme c'est de routine, j'ai fait interroger à tour de rôle tant de personnes proches de lui. Les hommes, les femmes, qui témoigneront par des faits qui montreront la vérité en même temps que le coupable.

– Si vous avez fini de me faire l'amour laissez-moi rentrer chez-moi.

– Ne donne pas ton cœur à ce qui vient de se passer, je veux juste que tu m'écoutes s'il te plaît. Vous aussi bien que moi, savons qu'un chien est dans sa société n'est-ce pas ?

– Monsieur je pense que ce qu'il vous faut faire en suite, c'est avoir des enfants. C'est un bon moment pour en avoir.

– Tous ceux qui respirent dans la société sont honorables, quand il y a des enfants les chiens figurent simplement. On ne court pas derrière un chien pour trouver une femme.

– Vous avez peur du reproche.

– On ira mot à mot, je crains que vous ne compreniez pas bien Mademoiselle.

– Moi, j'aurai bien voulu son collier d'or là sur les photos, dont il ignorera toujours la valeur pour quelques morceaux de viandes émiettées.

– Mon chien n'est pas un crocodile. Je l'ai rendu moins offensif pour une vie moderne qu'il mérite.

– Je ne regardais pas par-là, le genre de sa race.

– C'est vrai qu'aujourd'hui au commencement de la journée, j'ai joint à mon attitude du caractère, mais elle s'achève avec la pédale douce, vous les femmes vous obligez au tact. C'est en tout, un petit pouce d'une petite main amie, je suis un peu remis.

Très obsédé par la peine de chercher, et attendre quelqu'un qui ne reviendra peut-être jamais chez-nous. Qui me laisse croire que cette année ce refera tout le temps, moi baladant le regard, en conséquence logique. Dès qu'il me voyait, il venait vers moi me sentir les pieds, les lécher, avec ses aboiements qui m'étaient doux. Sa maison basse c'est ici qu'il habitait. Mais il est tant que je redevienne moi au lendemain de la situation. C'est avant l'heure le moment de le dire.

25

Le chien et le détective Thomas

Se lancer à la recherche d'un chien n'est-il pas ironique ? Des façons de voir se laissèrent venir dans l'esprit. Comment porter l'effort, pour accomplir ce défi ! Kiwi est un chien fait. Tous ces temps à l'attendre, sont assez amusants. Il n'aurait pas suffi de vivre entre deux soirs, sur une hauteur vertigineuse, pour accorder tant de nullité aux tourments du temps, et aux impossibilités imbattables du contexte galactique. Dehors l'oxygène est un poison lent à cause du climat, pour toutes créatures vivantes capable d'en respirer, et j'en suis prodigieusement inquiet devant cette nature qui fait ses crimes.

Comment abusé de la vie, dans la froide vieillesse, où l'on se sent très apte à donner des réponses aux questions graves des temps reculés, d'avant la terre. Entre lesquelles, celles qui tombèrent bien trop tôt dans l'oubli, afin d'avoir le contrôle des long jours de vingt-quatre heures, qui ont mené à vivre jusqu'à une telle longévité, qui nous mettrait face à la pensée de ne plus pouvoir mourir, tant on avait le sentiment d'avoir trop vécu près des chiens. Mais il fallait surtout reconnaitre, que c'est la position du médius, qui en fait le doigt le plus long. Les humains doivent vivre plus longtemps. C'est impossible de recevoir tant de vie dans un simple corps de chien.

Il fallait moins encore, avoir l'intelligence la plus supérieure à la race humaine pour comprendre la sociabilité canine. Il n'y avait plus que moi qui m'y intéressait encore sans doute. Le détective Thomas regardant de tout haut sa maison basse, et sa devanture qui est comme celle de tous les lieux urbains, pour flairer quelques objets lui appartenant qui seraient chargé d'accuser sa présence. Il déclara légale, tous ce qu'il y vit. Il fut vraiment convaincu que les besoins les plus mélodieux de Kiwi, sembleraient apporter assez d'élément pour nourrir sa détermination, et sur ce qui pouvait aller à améliorer les recherches.

– Il y avait longtemps été logé, dans les conditions normales. Lui rassurai-je.

– Certes les évènements du dernier jour, au premier signe, on beaucoup contribué à l'envie d'éprouver le besoin de se retrouver à un endroit différent, où l'odeur est nouveau peut-être. Stipula Thomas.

– À chaque sorti, il ne se distendait pas à résister à l'envie de me suivre. On s'est revu une dernière fois, avec ma main je lui ai donné quelques câlins. Il les a léchés, puis je suis sorti de la maison, le laissant là dans petit moment d'abandon salutaire. Je ne crois pas qu'il m'est suivi monsieur le détective. Je ferai bien de déclamer que, c'est sophistiqué à agencer au tout début de l'histoire, avant sa découverte, je suis entré chez-moi ce jour avec lui comme un bien, très incommodé, son ordinaire y a été bouleversé certainement. Maintenant il est parti, le temps a passé depuis longtemps, rien à démontrer à personne une trace, il passe inaperçue, et c'est tout le problème ; seuls les avis inspirés, justifiaient qu'il voulut prendre le large. Une récompense notable à une sentimentalité gracieuse n'est pas dans la situation d'une fugue. Reconnaissons-le, il y a bien une autre manière de répondre par un merci.

- Sauf que merci monsieur Don, merci n'est pas un mot qui se dit une seule fois dans toute notre vie.

- Je pense que ce fut très précisément d'autres centralisations qui l'aurait préoccupé hors mis l'hypothèse de l'enlèvement. Je l'aurai d'année en année, aimé d'avantage dans des fausses passes ou pas. Monsieur Thomas. Croyez-moi monsieur Thomas, sans lui vous n'auriez rien à faire ici. Il est des choses que je peux faire moi-même.

– Mais non il n'est pas mort.

– Je trouve qu'il est mort parce qu'il y a plusieurs types de succombé que pour devoir vivre il faut être.

– Sa pilosité ? Quelle est sa taille ? Sa corpulence ? De quoi il a l'air ? Combien de pattes a-t-il ? Un dictionnaire de dates ou des photos ?

– Oui des photos ! Les changements se sont certainement déjà produits. Le poile abondant, et colorié de noir et de jaune ! Il est solide sur quatre pattes.

– C'est plutôt bien intéressant, continuez.

– Ce que je dis peux être, pour quelques propos et par eux-mêmes, améliorer en mieux, pour ne pas être mener du sens interdit, parce que ce qui appelé à être l'objet humain, devient par moi le modèle idéale et vivant de toutes espèces vivantes. Faire penser que c'est d'autres ancrages, pour aider à faire vivre tout le monde, autour de moi c'est là ce que, je veux d'autre part. C'était le pourquoi, j'ai eu une dispute avec le doyen d'Age dans mon club. Ils ont mal interpréter mon témoignage, l'ironie se lisait sur leurs visage, et on s'est plu à la polémique, et que n'avait-on dit. Ils ont pensé que j'exigeais trop de moi-même.

– Ce n'est pas très professionnel pour moi de donner mon avis sur le moment, monsieur Donon. Qu'est-ce que ce chien est pour vous ?

– Nous nous préférons et tous s'arrête là ! Je n'ai pas convaincu plus âgée que vous, au-delà des mesures imaginables.

– Certains gens refuseront leurs vies, s'il venait à découvrir la sienne, et sa vie sans analogue à celle de sa race ne le dément pas assez.

– Kiwi a beau être une curiosité illustrée, qui fuis sans qu'on le poursuive, mais à défaut de le voir, je vous convie à accepter que nos vies se valent. J'ai passé une annonce par un modèle de lui accessible à tous, mais de par votre professionnalisme j'aimerai que soit à vous la priorité de la découverte monsieur le détective. C'est vous qui m'entendez, vous ne saurez douter alors…

– Si cette compagnie que tu affirmes connaitre ne se laisse pas découvrir dans les deux semaines. C'est bientôt le temps de le quitter.

– C'est vraie, et quelque peu injustes. Mon être profond a toujours été complice de ses sentiments. Pour le choix je n'ai pas non plus à accepter de l'abandonner. C'est à lui que la fidélité se mesure, s'il vit il est important et pour le moral, il le faut mort ou vivant !

– Si quelqu'un le voit quelque part, je peux le voir.

– Monsieur si vous me dites, que par votre expert-génie tout juste bientôt, vous ne rentrerez pas d'ici sans lui je vous prouverai que vous pouvez compter sur moi.

– Moi aussi je suis profondément saisis par la situation, sois en condition de confiance je me suis essayé dans plus pire. C'est un entêtement très à moi d'ores et déjà.

– Je garde la secrète espérance. Si je vous dis que vous êtes un grand chien vous ne l'apprécierez sans doute pas. Ha ! Ha !

Auprès du maître

Après qu'il m'eut laissé son poil, je me suis souvenu que je n'ai pas été moi-même, correct très récemment. Il a voulu s'approcher de moi, mais je l'avais volontairement repoussé, rien ne me dit qu'un chien peut s'en aller pour toujours, à cause de ça. Alors cela m'a emmené à marcher seul dans le froid, comme un baladeur de loups invisibles, dehors sous la pluie, dans les lieux remarqués, sous le regard des voisins. Marcher en avoir honte, pour recoller les morceaux d'une tasse cassée, parce que la vie est une envie cruelle, et Kiwi ne fut pas un imprévu au milieu du monde fleuri. Il n'a pas demandé mon aide, et c'est toujours embarrassant dans de tels cas de faire une rectification, quand la situation est grave. Sur ce chemin, il ne fallait pas croire à la manigance d'un travail obscur, il ne fallait pas trouver un intérêt caché, mais découvrir en revanche un homme fier. Kiwi était en fait un chien trop fidèle qui filait à son ancien maître, et quelle grandeur d'âme pour un animal. Je devais mettre du courage, et continuer de l'élever, et de le nourrir pour refaire une nouvelle amitié.

Un chien qui passe en tout lieu, et utilisé comme je l'eu découvert, si l'homme de bien que j'ai été, s'en était auto-procuré, alors pourquoi devrait-il s'en inquiéter autant. L'inquiétude de voir son existence se fondre dans le plus grand secret, à la table, mais sur le plat d'une sanguinaire qui mange son cœur. C'est une chance que les bouchers détestent les chiens. Quiconque le regardait d'assez prêt voyait, qu'il n'avait pas : une mine de lion, l'oreille coupé et sucer par des puces, le corps érodé par une liane, et il était sans gale. J'étais bien capable aussi de maintenir l'obéissance sans gourdin, nous dirons tous oui, devant un tel égard.

Aussitôt qu'un bon matin, comme si c'est moi qui m'appuyais sur un levier qui faisait lever le soleil, avant d'aller trimer de nombreuses heures au club qui me rappelait, que le chien n'a pas besoin d'une image, où d'une lettre pour retrouver qui il veut. A ses tables, lorsque nous y lancions un processus, ou un projet, il n'était arrêté que lorsqu'on avait atteint au but. Assis dans cette place de la littérature, qui n'a pas toujours su reconnaitre à toutes époques cet univers si plein de diversité animalière, que dira-t-on si je dis ce que je vis dans un petit monde de chien. Calme comme un tabernacle, je défeuille des ouvrages, placé comme l'auteur et le libraire, qui loue par le moins de mot, la bonne intelligence de ces ancêtres humains de plus quatre-cent ans, toujours aussi vivant. Certes, il n'y avait pas moyen de le retrouver au club, où parce que me faisant passer pour son encadreur, je subissais les malheurs des erreurs, et des saletés des chiens comme Kiwi.

Après toutes ses démarches, avec Thomas le détective chasseur de chien, c'est dans une maison seule de campagne, juste à quelques kilomètres de la ville, que Cirage avait été découvert. Il était ainsi appelé, parce qu'il était très noir comme un cerbère à sa naissance, où il était d'une condition assez modeste.

Pour ne pas montrer l'impression que je préfèrerai d'un amour propre, les uns à l'autre, malgré l'infidélité réputé du chat toujours aux aguets, et la méchanceté accordée aux chiens d'attaches, il serait juste de dire que moi j'ai été élevé avec des chats, et honnêtement, je ne leur accordais pas plus d'attention qu'aujourd'hui. Les chats sont mignons, mais tellement si mystérieux, et très effrayants tout de même. Un chat a toujours l'air aussi propre qui ne l'est en réalité, eux ils ont l'avantage de se retrouver dans la classe des lions, et des tigres.

Comment se sentira un chien parmi des chats qui craignent l'eau chaude, et l'eau froide, comme la mort ? Outre, ces chats placés à la vieille fenêtre en cadre vitrée qui s'ouvraient des deux côtés, et sur le marchepied recouvert de croquettes pour chat ; devant la porte, Kiwi fut l'unique chien. Il avait reçu de Marguerita sa nouvelle parenté, des châtiments très éprouvant. Il devenait évidemment une indifférence parmi les chats, dans la maison, au moment où il se devait de souper, si bien que, j'ai été très choqué de l'apprendre étant donné l'existence que je pouvais l'offrir.

Cette femme que je désirai prendre sur le fait, avait eu un mari qui fut agressé par une maladie, rester pauvre elle le négligea, étant donné qu'à l'époque les ordres d'entretient avait été observé par son mari. Si cet homme n'avait pas fait des papiers pour ce chien, ce qu'il y avait à craindre, c'est d'avoir le consentement de Marguerita sa femme qui semblait plus attacher à ses chats. Cette famille préférerait le chat au chien qu'ils avaient, ce qui fit vivre Kiwi le plus souvent seul, vagabondant les rues, peu de jour après la mort de son maître. Quand j'y ai été, ce que j'ai découvert c'est que, qu'on soit égal à son contraire ou pas, le chien montrait l'envie de vraiment y rester. C'est à mes yeux comme Kiwi, mais je ne remarque aucune ressemblance entre les deux images que j'avais : premièrement celle de ma mémoire, et celle visible juste en face de moi. De par les propos qui m'ont porté le témoignage de ce qu'il subissait, et de ce que j'eu remarqué par moi-même, il faudrait trouver un moyen pour le récupérer pour qu'il ne s'y retrouve plus jamais, mais il était possible qu'il jouisse toujours des agréments d'un possible testament.

Accueilli sur la terrasse, ne sachant quoi lui dire, sans la connaître profondément, je devais juste montrer à madame

Marguerita que je jurerai par la bonne foi, pour les beaux jours de Kiwi alias Cirage.

Dans le souvenir d'en avoir eu, je sais qu'on n'a pas quelque part, le soin et la passion, qui nous évite aux manquements vis-à-vis de nos obligations primaires. Quelque part aussi, je ne suis pas plus pire qu'un autre. Mais serait-ce très plaisant, ce que je vous proposerai de faire pour moi madame ?

– Quoi donc mon chère monsieur ?

– À quelque prix a-t-il été dressé, écoutez ce n'est jamais assez, mais vous devez me comprendre. Il y a lieu de croire qu'il s'agit de la corruption qui donne lieu peut-être à de la mendicité. Je suis venu, au milieu de tant de beaux chats, mais nous ne nous entendons pas très bien c'est une longue, et traumatisante histoire d'enfance. Je crois que celui qui attire mon attention c'est Cirage. Je suis le meilleur ami des chiens.

– Si quelqu'un l'attends pour recommencer une nouvelle vie, avec le tempérament qu'il a c'est tout le mal que je lui souhaiterai. Cirage est un chien qui a un bon poil, il est lavé, et à bonne mine, surtout sachez que c'est un chien qui entre par la porte. Comment dit-on exactement ?

– Il est un chien bien dressé par la main savante.

– Merci pour votre bienveillance monsieur Donon. Celui-là n'a pas de prix.

– C'est très éprouvant, pour moi de le voir ainsi, il étouffe à l'attache. Faire si peu, à propos d'un chien, mais voyons madame Marguerita !

– Je pensais le déchaîné en vérité, ce n'est pas par ma faute, il s'est déjà échappé deux fois. Comme vous pouvez le remarqué, c'est de façon que, il ne soit point agressif. Si vous avez l'air apeuré, il bondira sur vous.

– Regardez madame Marguerita il est couché sur le dos, le chien lit la peur dans le regard, il n'est pas agressif laissez-moi le déchaîné.

– Vous n'avez pas peur vous vous y connaissez. Vous semblez bien vous comprendre c'est très étrange.

– C'est le destin.

– Hum ! Néanmoins faites gaffes, les chiens n'ont pas d'âme je vous aurai proposé un chat.

– Les chiens ont des consciences et des grandes oreilles.

Un enfant pouvait le retenir. Il me faudra faire cet enfant pour aider ce chien Il y aura même des jours des grands présents dans l'avenir juste pour faire le bon esprit à mon tour.

Maître guerrier, maître esprit, et l'imposture.

Mais il y a la femme dans le cabaret qui m'a laissé son parfum, je devais juste aller vérifier le linge sale, pour retrouver les vêtements que j'avais cette soirée-là, afin qu'il les flaire et la retrouve. Tu iras provoquer ta maîtresse pour moi lui dis-je. Une étape dans la séduction par une approche antipathique, le plan consistait à faire la connaissance de sa maîtresse, et à y recourir par quelques jeux. Juste en face du club, on découvre un cabaret et café en journée. Dans le décor c'est une galerie de livre, devant le couloir des plaisirs charnels. Comme pour vouloir dire que c'est deux parallèles strictement distantes, qui à la rigueur ne peuvent se rencontrer qu'en journée.

La femme au cabaret était juste une femme parmi les femmes employées au cabaret. ''Je me suis découvert trop simple pour elle, elle sera ma femme et elle deviendra ta maitresse, on aura des enfants. Tu auras toi aussi une de ses camuses aux oreilles tombantes quelque part, elle sera bien contente de te voir. '' Je parlais à Kiwi qui s'amusait à faire le chien couchant sur un os artificiel. Le museau prends son air, les quatre pattes, se détendent, il balance sa queue, je lui mets son museau dans son ordure, pour lui enseigner de ne plus en faire à cet endroit, je l'incitai à ma manière à faire son ordure ou son pipi au pied de l'arbre.

Les hommes aiment tenir les chiens à la chaine lorsqu'ils les font balader, dans le cas des femmes, ils vont rarement sur leurs quatre pattes, et se retrouvent porté dans leurs bras comme des petits chiens qu'ils sont généralement. Les maitres de la galanterie, n'approche pas les dames avec un chien, les belles femmes se rencontrent par hasard, quelques autres se sentent agresser lorsqu'ils croisent le regard d'un chien espion, qui vagabonde dans les rues, et ceux d'entre eux qui dorment dans le fumier. Mais c'est comme l'adage « qui m'aime aime mon chien ».

Mais il s'arrêta devant une personne, mais ce n'est pas elle qu'il fallait provoquer, la hargne et l'entêtement de Kiwi me parut très étrange. Elle a de loin la tête d'une femme, sans mentir je dirai que c'est une femme assez ronde, et belle fut-elle de l'aristocratie assise à la terrasse de ce cabaret, le chien se mit à aboyer. Il est connu que les chiens détestent les sorcières, il y a longtemps qu'il restait là, et elle indifférente restait-là ouvrant son journal pour y lire. Elle ne pouvait pas visiblement être la maîtresse qu'il aurait souhaité, ce qui m'obligea d'aller vers la dame demander des excuses, pour l'importunité dans ses moments où elle prenait du bon temps. Comment le faire si je ne voulais pas faire découvrir mon lieu de service, et ma surprise à la conquérante initiale ? N'ayant rien à dire je n'avais que, de force à le siffloter, j'ai dû rappeler Kiwi, mais il était dressé pour autre chose, car il ne réagit pas.

– Il n'est jamais pour quelqu'un, ce chien-là, il n'est pas à moi, dit-elle. Éloignez-le s'il vous plait.

– En fait c'est que c'est le mien. Je suis désolé madame c'est une erreur.

J'ai eu peur de lui, moi aussi car il ne se laissait pas facilement faire. Je l'eu découvert sous d'autres couleurs ce jour-là. J'ai compris qu'il fallait que la prétendante soit d'accord, je me suis demandé ce qui pouvait justifier qu'un homme eu pareil idée d'envoyer son chien, adressé quelques mots à une femme. Je découvre que je fais beaucoup de mal à l'humanité lorsque je dis que je suis un chien. Je devais savoir où me situer : parmi les maitres guerriers, ou parmi les maitres esprits. Je serai devenu un héros pour elle, malgré tout, mais elle ne me regardait même pas, juste parce que j'avais un chien à mes arrières, tel un chien de garde derrière un monsieur qui passe comme un aventurier.

J'aurai préféré celle qui veut que chaque animal soit un symbole, et pas celle qui irait le talonner tout le temps, sous la table. Au club, les savants n'ont plus de longues barbes, et quelques-uns d'eux, n'aiment pas les chiens. Kiwi n'avait pas réussi son insertion au club, mon honneur se perdait encore une fois en face de mes amis. Je n'ai pas réussi à prouver qu'il n'était pas un bien bon jouet qui venait en sous-main, une simple marque de présence avec qui je passe mon temps, juste parce que ce chien n'était pas rester fidèle à ce projet. Il n'y eut que ce jour-là Mademoiselle Kristine, qui venait passer quelque temps dans cette grande maison avec moi. Elle me teint les joues de ses deux mains et me fit la bise sur le nez, même si elle aussi ne prenait pas Kiwi par la main. Dans mes mécanisme de pensé c'est un signe de défiance. Elle avait de l'avance sur son époque, j'aimais sa main d'écriture, mais elle avait l'air d'aimer les chats au lu de ce qu'elle écrivait. J'ai suite à cela penser que le fait que ma prétende ne sache pas lire serait idoine, et qu'elle sache au moins réciter lui vaudra peut-être un talant de comédienne dans ce cabaret.

Il ne sera jamais question de le donner à quelqu'un pour le besoin de plaire à une femme. Entre ma nature d'artiste, et de maître canin, il n'y a rien qui ne soit, défendu pour faire appel à l'un et à l'autre sur ce point-là. Mes doigts aussi pouvaient entrer dans un anneau par une autre manière, toutes opération est bonne pour arriver, à s'imposer par ces méthodes. Me faire accepter serait bien évidemment facile, mais il s'agit du bien-être de mon chien : à quel propos ma prétendante devait-elle le refuser ? Pour plaire à chaque fois que je m'y rendais je l'aurai comme d'habitude laissé une grosse retenue après une addition au cabaret. Ce n'est peut-être plus la même chose, avec la présence de Kiwi compte tenu de ce qui se passa précédemment. Je devais continuer de mettre la main à la patte à son égard ; afin que si je ne suis pas là, et que les choses continues, quelqu'un que j'ai aimé le restant de mes jours, ne fasse de lui un chien qui mourra à la rue, ou qui dormira sous des ponts hors de sa loge ! L'ex propriétaire de Cirage l'y avait un jour laissé partir, mais je devais mettre la main à la patte avec beaucoup de sérieux et d'engagement. Ce seront des gestes d'attention, qui le revaudront cette gentillesse, une récompense à son élan de cœur. Il ne manquait plus qu'à dire en avant marche !

Ce qu'elle devrait normalement faire c'est rassemblé tous les motifs qui serviront à le retracer, et à mener sa maîtresse jusqu'à moi, et ainsi la terrible surprise sera découverte, et la demande de sa mère se ferait. Cela s'appellera marquée son territoire, et gagner de la confiance d'un chien, et de son maître invisible. Espérant aussi qu'elle ne sera point effrayée au point de se retrouver au-dessus de ces tables.

Une succession de tentative, qui devait avoir lieu dès la fin de mes heures de travaux, dès que je finissais au club et juste au moment de son service. En le faisant revenir comme d'habitude, me retrouver où j'étais sensé l'attendre dans la voiture pour s'échapper sans laisser de trace. Cette saison qui commençait était celle des pluies, il fallait attendre encore un peu. C'est une opportunité pour moi de préparer mes petits papiers, pour ce chien qui courtisait des dames à ma place.

Dans cette occasion, ce que moi j'ai à faire c'est de devenir poète, écrivant des lignes subite d'écriture plus ou moins spontanément, sur des petits pense-bêtes carrés et roses de quelques centimètres, qui ressemblaient à ses factures. Si elle accepte de le suivre un jour cela serait une preuve qu'il n'y avait pas d'hypocrisie. C'était chacun chez lui, l'astuce donnait l'impression que dans les conversations, l'on se parlait vraiment et visiblement. Mais il ne pouvait pas y avoir de retour étant entendu que l'intermédiaire Kiwi est un chien.

Clara, la femme qui m'a aidé à sauver mon chien.

Serait-ce donc une erreur ? N'a-t-elle pas une allergie au chien ? Le touchera-t-elle à chaque fois pour retirer des étiquettes autour de son collier ? Ignorant vraiment ce qu'il aurait fallu griffonner dans ces copier-coller sur mon chien, il était souhaitable d'agir instinctivement, pour ce qui donnera suite au début d'une communication de séductions. Kiwi est un chien et à mon avis cela se voit, la pitié intrinsèque qu'on les chiens au fond de leurs regards devait servir cette fois à quelque chose, pour m'épargner les manières des femmes très belles, face à un chien qui n'est sans doute pas de la race du futur. Mais c'était une chose de s'engager, et s'en était une autre d'avoir l'habileté d'y arriver. Ce que je ne sais pas faire c'est de rester dans la logique, alors que c'est de Kiwi qu'il s'agira également. Par rapport à mes idées initiales, au final il était utile qu'elle sache me lire, et comprendre qu'un séducteur qui ne parle pas, ne béguë pas, et qui entends et ne réagit pas, n'est rien d'autre qu'un simple intermédiaire. D'une façon comme d'une autre, il faut jurer sur ce qui reste fidèle et ne change pas.

Dans une ligne de dialogue dans un nombre de caractères ou de mots limités par jour, notre conversation ressemblait à ceci près :

Moi : Je vous apporte une nouvelle. Je vous invite à venir découvrir.

Moi : Le papier est trop petit, et vous n'avez pas besoin de trop y écrire.

Elle : « Je ne sais pas qui vous êtes, je n'ai pas le courage de suivre ce chien. Il passe par des couloirs que j'essaie d'éviter. Je ne peux même pas lui parler, je ne parle pas le chien désolé ! »

Moi : Vous aviez honte de mon chien avouez !

Elle « Bonsoir monsieur votre chien est adorable et superbement bien dressé.»

Moi : Il cherche une maîtresse, mais à chaque fois il revient queue entre les jambes.

Elle : « Dans un genre traditionnel, c'est plutôt avec un oiseau qu'il faudrait faire cela. Le collier me plait bien, mais je voudrai savoir qui m'écrit. À quelle utilité cacheriez-vous votre visage ?»

Moi : Un chien ne représente-t-il donc rien pour vous ? Je me fais connaitre comme je me montre. Bonne soirée.

Elle : « De manipuler ainsi un chien, il vous en est facile. Je suis sure que autrement, il n'aurait pas été très content. Sortez de vos petits papiers ! Agissez comme un homme qui prend des responsabilités ! Même si vous n'êtes pas de mon époque je comprendrais peut-être.»

Moi : Il y a un jour pour tous, la procédure est dure à cause de vous mesdemoiselles.

Elle : « Je crains que les papiers soit si petit que, d'ici après la fin de l'année nous y soyons encore. On ne peut pas être timide à ce point. Passez un de ses soirs prendre un verre de champagne pourquoi pas si vous le voulez, et je verrai comment vous aider.»

Moi : Que me vaudra cet accueille ? Qu'ai-je fais pour le mérité ? Passer une bonne fin de journée mademoiselle.

Elle : « Ayez pitié de votre chien, Il est doux, attentionné drôle, mesuré. Qu'est-ce qu'il fait dans la vie le chien ?»

Moi : Ha ! Ha ! Il devient moins étonnant lorsqu'on lui tire la queue comme vous le faites.

Elle : « Une histoire de mariage pour tous, non merci le mariage avec un chien n'est pas possible avec moi. J'ai du travail moi ! Je ne veux pas voir cela ! »

Moi : Vous vous en faites, d'étranges histoires. Néanmoins ne vous en fait pas, je vous demanderai la facture pour tout le temps perdu. C'est moi qui payerai pour les salades de mon chien. Je vous remercierai de bien l'accueillir.

Elle : « Dans ce cas envoyez des papiers plus grands pour essuyer son ordure aussi. »

Moi : Ne changez pas ! J'aime tellement vos qualités. Restez telle que vous êtes : mesuré, calme, posé, poli, débordante d'imagination. Continuez d'être comme ça. Vous êtes adorables !!

Elle : « Pour vous faire arriver vers moi, j'aurai eu juste à séquestre votre chien, lui prendre ce collier autour du coup, et vous ne supporterez pas de le voir loin de vous, est-ce que je mens ? Bien sûr que non évidemment.»

Moi : Vous êtes si humaine, si vous avez besoin de quelque chose mademoiselle, n'hésitez pas à envoyer votre requête par le chien. Passez une excellente soirée.

Elle : « C'est divertissant, et vous m'avez l'air très gentil monsieur, mais sans mentir, moi je vous trouve très curieux et préoccupant. Je veux rencontrer qui se cache derrière tout ça !!»

Durant trois jours successifs, elle ne répondit pas. Ce qui se passait était sans doute du harcèlement, mais elle n'avait pas eu marre de le toucher sans assurance de sécurité, durant tout ce temps pour prendre le bout de papier autour du collier de Kiwi. Elle était comme je l'aimais jusque-là. Le propriétaire du chien que je suis, avait juste envie de la taquiner pour voir sa réaction, dans le comportement avec le chien, dans ses moments d'irascibilité, et de tourmentes. Elle était endurante, trop endurante et une soudaine envie me poussa à me diriger vers elle, pour d'avantage apprécier son esprit tempérant.

Elle : « Vous recommencez a vous obstiner, je séquestrerai votre chien et je verrai le lâche que vous êtes. Alors vous venez ou pas monsieur ? »

Moi : Vous me forcez à courir après vous jours après jour. Serait-ce trop demandé de suivre ce chien. Merci d'être revenu, parlons-nous demain, je ne supporte pas que vous cessez de m'écrire.

Elle : « Il y en a qui travaille dur mon bon monsieur. Me voir dépend de vous, faites tomber le masque monsieur ou madame l'inconnu, le petit jeu devient ridicule. »

Moi : Pour quelle raison n'arrêtez-vous pas votre travail pour quelques moments d'attention seulement ?

Elle : « Le papier est trop petit, et ne contiendra que trop peu de caractère. »

Moi : Fin de l'observation alors !?

Kiwi revint méconnaissable, tout de rose recouvert défigurer par mille étiquettes croira-t-on.

Elle : « J'ai une fille ! Tenez-vous à distance, regardez-moi parce que je sais que vous le faites dans l'abri de votre voiture stationner quelque part. Vous souhaitez que le jeu mette du temps et bien moi non ! J'ai remarqué que vous avez des facilités. Je vous aurai pris pour un gentleman au début, mais le temps change les sensations et les jugements, c'est à la longue indigne d'imaginer une figure de chien là où il faudrait placer un homme, voilà déjà longtemps que ça dure. Pourriez-vous descendre de si haut, juste pour arriver à ma modestie ! Quelque riche et important que vous soyez, il est des messieurs de toutes les classes sociales qui partage notre espace. Je ne vois pas comment est-ce qu'il vous sera impossible de le faire. J'espère avoir dit en une soirée, ce que vous m'auriez poussé à faire en plusieurs mois. Votre chien n'est plus le bien venu ici. Si l'histoire ne prend pas une fin, je dépêcherai qui de droit pour le faire suivre croyez-moi, pour cela j'ai des moyens de le faire.

Moi : J'ai moi-même un chien, et c'est quoi la différence, si nous sommes tous les deux des parents ? Si vous voulez le savoir, il se branle sur tous ce qu'il rencontre.

Moi : le jour suivant : C'est pour vous prouver que vous n'êtes pas l'histoire d'un seul jour. Je suis tous simplement comme je montre mademoiselle. J'espère être guéri du complexe des apparences. Mon berger, ne méritait-il pas aussi de prendre la couleur des lieux ? Ne me dites pas que c'est dur à entendre ! Jour après jour, ce pauvre chien est passé par des moments dont vous n'avez même pas idée mademoiselle. La terre ou le mur sera ma couverture comme elle en sera pour nous tous. Pensez-vous vraiment que je suis injuste ?

Elle : « Je l'aiderai si je pouvais ! »

Moi : Vous le pouvez je crois en vous. On ne me croira peut-être pas, mais c'est mon chien ! Faites-vous en l'idée que c'est le mien parce que je peux en avoir. Par un motif il s'en tirera, plus tard, sans que rien de plus ne me l'enlève. Bon courage mademoiselle.

Des mots du jour d'après : « j'arriverai, à ce que vous souhaitez. C'est d'accord je viendrai à vous moi-même. Excusez-moi mademoiselle mais quand je dis que je suis un chien je le suis vraiment. Mais c'est un peu compliqué en ce moment de tout expliquer, quand vous voudriez voir l'humain je viendrais. Mais dites-moi le jour. »

Quelques jours après :

« J'ai compris, ce qu'il y a d'utile à comprendre. Vous avez une sensibilité élevé, vous n'aimez pas être mis en défiance, à mon avis vous avez un grand cœur. Vous venez quand vous voulez. Vous faites ce que vous voulez. »

Pour le testament de mon berger, la condition était de ne pas perdre la maitrise, d'éviter de gagner le mécontentement, d'arriver au mépris, à l'audace, pour aboutir finalement à l'excès de zèle, au surplus des préjugés face à la réputé mauvaise influence des chiens. En plus de l'avantage qu'il y aurait à faire connaitre cette expérience, comme beaucoup d'autres histoires d'amour singulières. Après démonstration de sentiment, l'histoire aura aidé à l'équilibre et à la convenance. Lorsque l'on sait que la guerre doit durer, la meilleure solution, est de faire construire sa base non loin des lieux des hostilités, et y placé des vaillants. Le chien s'est fait remarquer, c'était miraculeux, très graphique et avec un trop peu de faire-valoir. On n'en était plus à la comparaison, elle ne se faisait pas, de part et d'autre. Le chien n'a que cinq ans, et il est vieux à cet âge. Il avait beaucoup travaillé, et cela était suffisant pour lui. Riche en beaucoup de chose, à mon tour je me devais deviner la réponse de la demoiselle, puisqu'il est des choses qui ne se transmettent pas par des chiens. Kiwi senti l'odeur de son parfum un peu plus que moi, cependant si on me dit qu'il n y a rien à faire qu'autrement, ce serait moi-même qui recommencerait à sa place.

Inutile de dire va-t'en, c'est bien moindre après un tel exploit! Comment ce chien ait parvenu à ravir une si ravissante demoiselle ? Quoi qu'on en aurait parlé, la correspondance la plus conforme était celle-là. J'étais obligé d'envoyer mon chien m'ouvrir le chemin. Kiwi a fréquenté ce lieu bien plus que moi-même, faisant sa mission sans intérêt. Si j'ai connu beaucoup de fatigue, volontaire à tous les coups, lui il en était moins ; il montrait qu'il en voulait encore. La langue rouge pendante qui semble déborder de sa gueule, bavait certainement à l'envie de tirer précipitamment, de long en large, avec ses dents la belle robe de mon amoureuse. Néanmoins sans y être obligé, les chiens font déjà peur. Il était préférable de l'amarrer par une sorte de longue corde rattachée à son collier, qu'elle devait elle-même tenir par ses propre mains, pour se laisser arriver vers moi-même.

Les cheveux qu'elle porte sur cette tête ont une beauté idéale, ce qu'on a dire sur son visage se comprend de n'importe quel poète, et on veut juste dire à propos, que rien au monde ne façonne aussi bien que le poète d'au-dessus de la création. Bien que, le plus sûr pour moi soit de me taire, même si on ne me croira peut-être pas, quant à ce qui me concerne, j'ai compris, que toutes les femmes sont magnifiques. Elle me sourit timidement, et en détachant mon regard du sien, je suis tout de suite ennuyé dans mes vieux jours. Après lui avoir serré la paume de main, je devais m'attendre à des propos du genre : « je ne suis pas une chienne». Il ne fallait pas encore que cela arrive, même si on aurait en parlé. ''Un jour ou l'autre, un petit enfant sera à l'autre bout de la table à manger.'' Les femmes aiment d'avantage quand les choses sont dites de cette façon. Lorsqu'on a maintes fois protégé un artisan quelque part, malheureusement dans ce décor, il faudrait se préparer pour une déception, pour ne pas ressembler à un chat abandonné sous la pluie. Je nourrirai toujours mon chien pour qu'il soit bien vu, et par conséquent, il ne pourra pas faire peur aux touristes, pareils amis font bien évidemment des jaloux.

Au commencement malgré qui il est, et malgré qu'un chien soit maître chez-lui, le plus difficile c'est d'arriver à démontrer comme on peut, qu'il n'y a pas des différences. En ami, ce qui est plus fort entre nous, c'est une sage-femme. En déroulement d'une bonne longue vie, elle me devait bien cela. Pour être sûre de plus de marques d'attention, entre autre je devais arriver à montrer à Clara qu'elle a gagné le testament de mon berger, le principal compromis de notre rencontre.

47

Une question d'honneur et de dignité

On est le jour où je dois rencontrer Clara. Au départ le but primordiale était de la présenter à Kiwi afin qu'ils apprennent à s'aimer, quand m'est venu évidemment en conséquence, l'idée de faire bien plus. De la reconnaissance à de l'amour, j'avais le sentiment qu'il n'y avait plus rien à se dire pour se le prouver. Pour prévoir le temps où mon amour pour une femme aura envahi toutes mes capacités cognitives ; il avait fallu qu'elle s'asseye préalablement, en faveur d'un contrat d'accord réciproque, pour les situations à venir. Lorsqu'on a eu un chien, on est mieux placé pour savoir qu'il faut ajouter au sens de l'impression.

Combien de fois celui que nous connaissions bien, est allé à l'encontre d'une attente, faisant l'effet, d'une mouche dans un verre de champagne ? Même le meilleur des chiens agi impersonnellement. C'est étrange à nos yeux, de se préoccuper de toutes formes de séparations, de l'un d'entre nous, avant même d'être sûr de s'être allier. C'est tout encore intéressant de subir à l'avance, les angoisses et pénitences qu'on pourrait éventuellement nous infliger à l'avenir. Bien mieux qu'une stratégie de paix, Kiwi se plaçait pour supporter ce que j'aurais subi, parce qu'il est plus commode pour lui de s'en remettre. Par lui seul, j'ai appris que l'impact traumatique de la manipulation est plus important sur notre race. Tous les chiens n'ont pas toujours du courage, à cause de la crainte de l'espèce humaine. S'il existe en certain, des sens développés, Kiwi était bien de ceux-là, même lui également tirait la langue.

Nous sommes arrivés juste au moment de son service. Il est entré dans cet espace corde coup, à l'âge de cinq ans, ce qui est normale pour un chien, lorsque l'on prétexte qu'il faut vivre pour s'occuper. Un lien qui tient lieu de trait d'union, chien devant, maître derrière. Sans qu'il s'y pense plus important que des cerbères laissés dehors qui nous protège dans l'obscurité, des étranges amours obscurs, du fait de la personnification identitaire que j'ai l'habitude de faire, pour le mettre au même niveau que moi-même. J'ai regardé tout autour, et j'ai compris que nous y allons ressortir bien différent, à cause bien évidemment de ce qu'on y ferait. Mais dans l'obscure salle de la boîte-de-nuit ou cabaret, chacun devait y faire ses propres bénéfices. Kiwi le héros de l'histoire au grand talant de séducteur, à peu de gagner une maitresse, et moi comme quelqu'un qui va faire la rencontre de sa future femme, lumière de cet endroit, ou alors une perspicace conseillère sur qui l'on veut juste regarder pour lire comme sur des tableaux. S'il lui plaît de ne pas vouloir m'aimer, parce qu'autre chose lui ai passé par la tête à cause du chien, sans mettre de la force à l'avoir, je lui avouerai que sans cesse séduisante, un soir j'ai vu en elle ma femme ; à cet effet Kiwi m'éviterait le ridicule.

– Est-ce que vous vous souvenez de moi mademoiselle Clara?

– Quand on a une seule vie, on se souvient bien du monde avec qui on en profite. Bonsoir monsieur Donon.

– Souvenez-vous aussi de mon chien. Il est sans doute hébété par tant de bruits.

– Nous avons pris habitude de nous voir très souvent, de ce fait si je l'appelle par son nom il viendra. Il lèvera même aussi sa patte. Là vous voyez !

– J'espère vous avoir étonné. Elle a esquissé un sourire, mais pourquoi n'avait-elle pas ris également. Est-il vacciné ?

– Pourquoi la première information qu'il faut toujours savoir à son sujet, soit celui de son carnet de vaccination ?

– Ce ne sont que des questions, quelque part cela vaut mieux de les poser, je ne voudrai pas qu'il sème la pagaille au cabaret. Les êtres humains conviennent bien aux chiens et chats. Bien ! Je vais me remettre à travailler, je reviens à vous dès que je me libère. Elle me le dit comme ça, comme si je n'étais pas là pour elle.

– J'ai bien envie ce soir de faire le barman à ta place, à notre époque on disait, faire le garçon ou le sergent pour votre service, et je pense que c'est comme cela qu'il faut dire.

Dans les yeux, c'est l'amour à l'honneur, pendant que j'entendais avec mon chien, j'avais remarqué qu'elle fut apparemment la plus belle. Elle m'abandonnait pour revenir, lorsqu'elle est revenue quelques instants plus tard, elle m'a passé sa main sur la joue, et ensuite elle s'est assise. Je crois que c'est la raison pour laquelle la longue attente, à rester là, la regardant travailler hébété par tant de bruits avait vite été oublié. Au moins je pouvais être sûre, du respect et de la considération qu'elle avait eue pour moi. Pour ne pas mentir, j'ai cru au départ que cela ferait injure à mon honneur, et ma réputation devant l'assistance des clients du cabaret et de ses collègues.

– Est-ce que vous voulez de lui aussi ?

– Vous êtes un monsieur très bizarre.

– On me le dit souvent.

– Quelle honte y a-t-il à avoir un chien !

– Vous le dites dans la foulée, c'est facile. Dans l'ensemble je vous expliquerai, mais cela serait trop triste, et tant de mystère, pour une seule soirée c'est très embarrassant.

– Vous êtes bien venu pour cela n'est-ce pas monsieur Donon ?

– Kiwi a eu un propriétaire avant moi, je me regarde désormais comme celui-là.

– Qui le propriétaire ou le chien ?

– Vous avez une sagesse sauvage demoiselle Clara !

– Et vous vous êtes très philosophale : très difficile à pénétrer Monsieur Donon.

– Ah ! Je ne suis qu'un amateur de philosophie. Pour revenir à votre question je me regarde comme les deux, avec vous que moi j'aime. Je l'avais adopté après qu'il eut fugué la première fois que nous nous sommes rencontrés, on l'a laissé et je l'ai récupéré. Il ne dort pas enserré dans les fers vous le savez, il dort dans une vraie maison pour chien. Dans mon souvenir, je lui dois tant. Il peut se trouver partout si on lui en donne quelques indices. Il n'aime pas la défiance. Il court et aboie après ceux qui s'enfuient pour rien.

– J'en ai eu quelques preuves depuis le jour même que nous nous sommes rencontrés.

– Il peut même savoir quand est-ce que une courtisane est mariée. Il est des chiens qui ont des flaires pour cela aussi, vous ne croyez pas n'est-ce pas mademoiselle Clara ?

– Soyez sans gêne, si j'étais marié à quelqu'un, je n'aurai pas accepté cette soirée chez-vous.

– Où vous vous êtes enfuies sans rien me dire.

– Pourquoi vous me faites subir ça ? Juste au moment de mon service vous débarquez avec lui ici. Il attire sur nous des regards, et je n'aime pas me faire remarquer. Est-ce que toi tu m'aimes au moins ?

– Si les étiquettes que j'ai fait coller sur mon chien ne le traduisent pas assez, alors devant toi, les yeux dans les yeux, je puis vous dire que mademoiselle, je vous ai dans mon cœur, depuis cette dernière soirée ensemble.

– Doucement je vois que le mystère s'élucide, qu'est-ce qui vous angoisse ?

– Mademoiselle Clara, très souvent, les coutumes de l'entourage trouvent quelque fois indigne d'aider les âmes éphémères à vivre. J'aimerai avoir la belle, et ma bête, ensemble face à moi comme une famille, on ne vit qu'une fois. Je suis content qu'il ait un autre parent.

– Je vous aime tous les deux ! Ici le modèle d'admiration, n'est pas forcément de la fidélité connu aux chiens.

– J'aime quand tu me dis que tu nous aimes tous les deux.

– Mais jusqu'où seriez-vous capable d'aller avec le chien ?

– Pardon ! Pour être sûr d'avoir bien compris pouvez-vous reposer la question s'il vous plaît?

– Je m'inquiète de l'emprise que Siwi afin Wiki prend sur vous.

– Kiwi !

– C'est pareil pour moi !

Elle tombe amoureuse, mais dans la conversation, le chien est une excuse quasi permanente. En amour, il faut prendre exemple sur lui. En générale j'éprouve de la sympathie pour moi-même, mais par rapport au projet que je prévois pour nous, afin d'occuper cette maison avec lui, je rêve à sa place, et cet effort consiste à deviner, ce que j'aurai aimé que l'on fasse pour moi, si j'avais été à sa place, et ce que j'attendrai de quelqu'un avec qui je devais à jamais vivre. Et retrouver quelque voie de retour malgré le cas de l'irréversibilité. Ce qui vient en soi, nous est inspiré en réalité par quelque chose, mal gré, bon gré, je suis justement allé un peu fort avec Kiwi. C'est connu dans toutes les mœurs que, les gens qui se rencontrent s'inventent d'abord quelque chose de fort.

–Je te drague avec la bête qu'il y a en chacun de nous, si notre race compte parmi les plus importantes, alors c'est Donon le maître qui te parle là en ce moment. Voulez-vous passer le restant de mes jours avec moi ? Puis elle m'embrasse fortement les yeux fermés.

– Dans la forme de cette demande, la cause était bonne pour réagir de la sorte. Je me suis essayé dans quelques efforts de réflexions, et j'ai bien compris ou tu voulais en venir. Il faut se marier avec un seul en effet, et je choisi le maître. Je m'en occuperai autant que toi qui t'en es occupé. Il aura des petites sœurs et des petits frères.

– Laisse ça allons-nous en !

– Il faudrait qu'on lui change ce nom, qui me préoccupe sincèrement il en faut.

– Ah oui ! Si tu penses que, c'est nécessaire tu fais comme tu veux, je m'allierai à ta cause du moment que tu ne changes pas ma façon de faire des livres. Il ne faut pas non plus tous faire aujourd'hui. Il y aura un jour pour tous. Et je sais que ce n'est pas un pari osé !

Printed by Books on Demand GmbH, Norderstedt / Germany